AF219678

Ingrid Sommer-Frank

DENNOCH
BLÜHT
DAS
LEBEN

INGRID SOMMER-FRANK, geboren 1949, fand seit ihrer Jugendzeit Freude am Schreiben. In vielen Notiz- und Tagebüchern hielt sie ihre Gedanken fest. Neben der eigenen Familiengeschichte ist seit der Pandemie dieser Gedichtband das dritte kleine Werk.

Ingrid Sommer-Frank

DENNOCH

BLÜHT

DAS

LEBEN

GEDICHTE
UND GEDANKEN

Bibliografische Information der Deutschen Nationalbibliothek: Die Deutsche Nationalbibliothek verzeichnet diese Publikation in der Deutschen Nationalbibliografie; detaillierte bibliografische Daten sind im Internet über dnb.dnb.de abrufbar.

Herstellung und Verlag: BoD – Books on Demand, Norderstedt

ISBN: 978-3-7568-7977-9

Dennoch blüht das Leben

Für die Lyrikerin Dagmar Nick waren Gedichte Ventile für alles, was sie beschäftigte, was sie fühlte und reflektierte.

Die vorliegenden Gedichte und freien Gedanken entstanden ebenfalls aus aktueller Betroffenheit, intensivem Empfinden und mögen als eine Kristallisation von Erfahrungen gelten.

Vielleicht regen sie die Leserin, den Leser zum Nachspüren an und führen zu Verbindungen mit dem eigenen Leben.

Der Zeitraum des Entstehens erstreckt sich von der frühen Jugend über das junge Erwachsensein, die Mitte des Lebens mit seinen besonderen Anforderungen, einem niederschmetternden Scheitern bis zur

Auseinandersetzung mit der Endlichkeit.

Unser Schwingen im Rhythmus der Jahreszeiten beschreiben die Naturgedichte.

Wenn das, was man schreibt, wahrhaftig ist, kann es einen anderen berühren.

Darum geht es, denn wir unterscheiden uns alle nicht sehr voneinander.

Dieser Band ist allen gewidmet, die Freude an sprachlich verdichteten Formulierungen haben und offen sind für den Zauber des rhythmischen Ausdrucks.

ERWARTUNG

Ich stehe im Regen.
Pfützen stöhnen unter dem Druck
der vorbei zischenden Autos.

Ich warte im Regen.
Feine Wassertropfen vermengen
sich mit dem Dampf der Autos.

Ich verharre im Regen.
Heranbrausende Autos erhellen
mit Lichtkreuzen den Platz.

Ich gedulde im Regen.
Das Rot und Grün der Ampel
sieht mich im Spiegel der Pfützen
nur an.

Ich stehe und warte.
Ich harre und bleibe.
Und hoffe glücklich aus dich.

TRENNUNG

Die Abschiedsstunde nahte
und eine kalte Hand legt sich
auf das leise bebend Herz.
So täuschend sanft, als ob
die Hand der Zärtlichkeit sie wäre.
Ein Zittern strömte durch den
Körper und feine Stiche machen
müd' die Seele.

Stumm wird der Beiden Mund,
ein jeder Laut entflohen.
Vermögen Worte sich zu formen,
wenn grausam in das Herz
geschnitten wird?

In tiefem Lieben
nicht mehr selbst
und dennoch vieles mehr.
Verwoben mit des anderen Leib,
mit Widerhaken festgefügt.

Ein Schmerz wie Feuer,
wird eigen Fleisch dir
jäh entrissen,
ein Teil der Seele
weggebrannt.

Nur Zärtlichkeit und Küsse
möchte es sammeln,
das verstörte Ich,
damit die Seele Nahrung habe,
nicht darben muss
für lange Zeit.

Die Liebe drängt sie
fest zusammen
und waidwund klingt
das Schluchzen.

Dann endlich Stille.
Im Gleichmaß ruhig geht
der Atem in Gemeinsamkeit,
verschmelzend eins,
gibt Trost den Beiden.

O wende ab den sanften Blick,
lass beider Lippen
sich nicht finden
und streichle nicht
die wunden Hände!

Ein kurzer Abschied
zähmt das Tosen.
Noch ungewohnt ist
jede kurze Trennung
und jedem fällt es schwer,
den kleinen Tod
zu sterben.

HÄUTUNG

Beim Aufbrechen seines
zweiten Frühlings
streifte er die Ehefrau ab
wie eine alte Schlangenhaut
und entschlüpfte
als frischer Liebhaber
in ein anderes Bett.

VERLASSEN IN EINSAMKEIT

Die Raffinesse einer anderen
zerriss den goldenen Schleier,
den ich dir
jahrelang
umgelegt hatte.

Abgeschminkt
Sehnsüchte, Träume, Wünsche
Klarheit erlitten

Das Schicksal fiel wie ein
Meteorit
auf das funkelnde Antlitz des
Glücks
und ließ es zurück als
Fratze.

Es pflückt dir keiner Rosen,
du musst sie selbst dir holen.
Es macht dir keiner Mut.

Das Recht schlich fort
auf leisen Sohlen.

WIDERSTREIT

Manches Mal
fühle ich aus mir heraus
ein Stachelkleid wachsen,
wenn ich dir gegenüber stehe.

Manches Mal
empfinde ich,
dass dir ein holpriger Panzer
wächst,
wenn du mich siehst.

Manches Mal
spüre ich eine zaghafte Zartheit
über dein lächelndes Gesicht
huschen,
das weich macht.

Aber ich weiß,
da ist keine Liebe mehr.

EINSAMKEIT

Schwarzes Pech ergießt sich
in die Seele,
lässt sie erstarren.
Kalt wird es und
unendlich dunkel.

Aufgepasst,
wenn das Leben plötzlich
pergamentpapier-rissig wird!
Traurigkeit und Einsamkeit
stürzen tosend, flutend herab.

FLÄCHENBRAND

Zerstört die Ehe
Zerstört die Familie
Belastet die Kinder
Zerstört die Verwandtschaft
Zerstört manche Freundschaft
Zerstört die Ungezwungenheit
Zerstört meine Freiheit.

Der Wiederaufbau braucht Jahre.

ICH VERBITTE MIR

Man möge mich
nicht mehr
deine Ehefrau nennen.

Ich war
Liebesstundenfrau
Gebärfrau
Nährfrau
Kochfrau
Putzfrau
Organisationsfrau.

Ehefrau war ich nicht.
Sonst hätte die Treue gesiegt.

MODERNE ZEITEN

Zweitauto
Zweitfernseher
Zweiturlaub
Zweitstudium
Zweitwohnung
Zweitfrau
Zweitfamilie

Einzig das Kind bleibt ein Solitär.

VERLUSTANZEIGE

Verloren
den Vater als Begleiter ihrer
Jugend
Verloren
den Ehemann als treuen Gefährten
Verloren
Freunde als Bereicherung des
Lebens
Verloren
das unschuldige Vertrauen in
Treue und Wahrhaftigkeit.

Welches Fundbüro hat Meldung
bekommen?

LÜGE

Klebrig graue Spinnenhaut
legte sich
auf sprudelnd lebendiges Leben.
Schüttle sie ab
wie die Lüge,
die dich mit trügerischer Liebe
umhüllte.

Schüttle ab die Demütigung,
trete den Verrat der Liebe
mit Füßen.
Lass die Trauer hinter dir.
Geh nur mit dem leichten Gepäck
der Hoffnung weiter.

So kannst du schneller
einem neuen Leben entgegeneilen.

ENDLÖSUNG

Binde einen Mühlstein
an den Verrat
und
versenke ihn
in das dunkle Wasser
des Unrechts.

Verbogenes,
verlogenes Leben -
als die Wahrheit entflammte,
versengte sie alles in der Nähe.

ARRANGEMENTS

Der verlogene Mantel
der Großzügigkeit
deckt das Unrecht zu,
dem ich nichts entgegensetze.

Die Freundlichkeit ist eine Hure.

Alltag läuft im
gleichmäßigen Fluss.
Manchmal wir das Unrecht
als Ufersand angeschwemmt.

Der Pendelschlag der Gewohnheit
leckte nach.
Die verlogene Freundlichkeit
war eine morsche Brücke.

Der Fluss
in der gähnenden Schlucht
darunter
führte keine Liebe mehr.
Ein Auffangen unmöglich.

VERGEBUNG

Wo Liebe lebendig ist,
kann sich Vergebung ereignen.
Wo keine Vergebung gewollt,
kann Liebe nie gewesen sein.

ENDGÜLTIG

Das Ende gilt einer Liebe.
Verrat hat sie zu Staub zermalmt.

Das Ende gilt stillen Banden.
In sengender Glut sind sie
verqualmt.

Das Ende gilt nicht gesagten
Worten.
Versteinerung hat sie zum
Schweigen verdammt.
Das Ende gilt nicht geschenkter
Liebe.
Zu spät hat die Reue angeklopft.

SOMMERTRAUM

Braune - blaue
Augen - Blicke
werden zum Brennglas,
in dem Sehnen, Verheißung,
Scheu und Überraschung
sich entzünden.

Das Funktionieren abschütteln,
das Abgemessene überfluten,
Raum geben der Freiheit.
Lieben.

Der Blitz der Ewigkeit Liebe
löst Starre durch der Wärme Kraft.
Doch trübt er auch der Augen
Blick,
bringt brennend heißen Schmerz.

EIN GLEICHES

Gebären und Sterben,
nichts geht ohne Schmerz.
Liebesbeginn und Ende
schneiden gleich tief ins Herz.

ERKENNEN

Adam erkannte Eva.
So steht es in der Bibel.

Seit ich dir begegnet bin,
weiß ich, was das Wort bedeutet,
ist eröffnet mir der Sinn.

Hast mein Tiefstes mir gedeutet.

BEGEGNUNG

Wie im Kaleidoskop geschüttelt,
öffneten sich die Bilder seiner
Seele.

Wie durch gleißende Strahlen
erhellt,
leuchtete er in ihre Winkel.

Doch
zu rasch
glitten sie aufeinander.
Eine Explosion,
dann ein Nichts.

STERNSCHNUPPEN

Leicht funkelnder Glimmer
im Gneis,
klarer Saphir im Sonnenlicht,
aufblitzender Kristall in der
Eintönigkeit,
brennender Diamant im Tanz.

Die Furcht vor Entfesselung
lässt Sterne zu grauer Asche
erlöschen.

Und doch:
In der Begrenztheit intensiver
Augenblicke,
in der Endlichkeit tiefsten Erlebens
leuchtet ein Stück Ewigkeit auf.

TRUG

Harmonie der Körper im Tanz
wie aus unendlichen Zeiten.
Gleichgefühl im Rhythmus
bis in die tiefsten Fasern.
Braune Augen – blaue Augen
funkeln im Augenblick.
Ermatten im harten
Licht der Vernunft.

WEISHEIT

Leg gelebte Träume sorgsam ab.
Sie vergiften nur die Wirklichkeit.

Wende dein Herz
den ungelebten zu.
Sie allein bergen in sich
die Reinheit und Unschuld
der Zukunft.

SEHNSUCHT

Sehnsucht treibt ein Irrlichtspiel,
tanzt hämisch grinsend
mit dem Gefühl,
lässt reife Menschen
zu Narren werden
und bleibt doch
die blaue Blume auf Erden.

Ist die Sehnsucht abgestreift
wie überflüssiger Ballast,
wird das Herz leichter
und
frei wie ein Schmetterling.

Der Hauch seiner Anwesenheit
hat die sterbende Glut der
Sehnsucht
wieder entfacht.
Das Herz hätte Feuer fangen
können.
Doch barmherzig löschte die
rinnende Zeit
jegliches Brennen aus.

VERRINNENDE ZEIT

Noch will es das Brot gestrichen
haben.
Noch sucht es deine Nähe, wenn es
Nacht wird.

Noch will es Geschichten von dir
hören.
Noch vergewissert es sich, dass du
da bist.

Noch
bist du für es ganz wichtig.

Freu dich darüber!
Es ist eine schwindende Zeit.

MUTTERBAUM

Lass die Kinder ziehen,
wenn sie die Reife haben.
Sie lösen sich nach der Natur.
Ein halten Wollen
schafft Wunden nur.

Ich liebe die Kinder.
Sie sind die Zukunft.

Ich liebe die Alten.
Sie sind unsere Vergangenheit
und Beständigkeit.

Liebe ich die meines Alters
mit ihrem Kampf und Strampeln
in der Gegenwart?

ZWEI DAMEN IM ZUG

Sie beweihräuchern sich selbst,
rühmen ihre Tugendhaftigkeit
und Sparsamkeit.

Wie langweilig!

WALD

Wurzelgeflecht,
Adergeäst des Lebens.

Schutzlos den Tritten
des Wanderers geschenkt.

Doch Leben und Halt
gebend dem Baum.

GRAUER STAR

Zarte Nebelschleier im Gesicht,
hauchdünn, noch spürst du sie
nicht.

Plötzlich dichter Nebel fällt.
Du siehst nur noch die halbe Welt.

ÜBERMASS

Wenn die Gemütlichkeit
überhand nimmt,
wird es ungemütlich.

Wenn die Ruhe im Übermaß
vorhanden ist,
befällt Unruhe das Gemüt.

Wenn die Stille nicht mehr
besänftigt,
beginnt die Luft zu tosen.

Wenn das Maß voll ist,
geht der Mensch leer aus.

SCHÖNHEIT

Manches Mal
ein Aufbäumen gegen
die Zange des Alltags.

Manches Mal
ein Schreien gegen
die drückende Last.

Manches Mal
ein Erschrecken über die
Ungerechtigkeit.

Doch niemals
den Blick abgewendet
von der Schönheit
der Hoffnung.

REIFEZEIT

In der Mitte
des Lebens wird es Zeit,
die Blütenblätter einzurollen,
damit Kraft, Schönheit und Mut
zur Frucht reifen können.

Jetzt ist die Zeit
des Vollendens und Erntens.
Säen und Gedeihen
münden ein in die Frucht.

Auf der Straße unseres Lebens
lassen wir die Toten zurück.
Wissen wir, in welchem Maße
sie gewirkt an unserm Glück?

Leise fällt vom Lebensbaum
Kraft, Jugend und so mancher
Traum.

Wie Jahresringe wächst die Stille
und weicher wird der stärkste
Wille.

Was wir bekamen,
geben wir zurück:

Die Leichtigkeit, den Übermut,
die Mühsal und das Glück.

Mit leeren Händen stehen wir
am Ende, schwach und bloß,
wie wir gekommen dermaleinst
aus unsrer Mutter Schoß.

DISKREPANZ

St. Pauli
Glockengeläut zum Schluss der
Feier.

Gellendes Hupen,
Polizeieinsatz,
Mord.

Koniferen
behangen mit Lichtern und
Sternen.

Wann gilt das Wort Frieden -
oder gilt es niemals?

ILLUSION

Schlängelnde Heimfahrt
durch nachtschwarzen Dom.

Blick durch graublaue Fenster
zum majestätisch in Wolkenkissen
ruhenden Mond.

Melancholisch-sinnlicher Klang
der Musik.
Vollkommene Zeit, Verheißung
zu zweit.

Doch war die Fahrerin allein.

ERMUTIGUNG

Es war nur ein sonniges Lächeln,
es war nur ein freundliches Wort,
doch scheuchte es lastende Wolken
und schwere Gedanken fort.

Es war nur ein warmes Grüßen,
es war nur der Druck einer Hand,
doch war es die tragende Brücke,
die Menschen mit Menschen
verband.

Ein Lächeln kann Schmerzen lindern.
Ein Wort, das von Herz kam,
gibt Glaube und Hoffnung wieder,
weil es die Sorgen wegnahm.

Es kostet wenig, zu geben:
Wort, Lächeln und helfende Hand.
Wie arm und kalt wäre das Leben,
wenn ausbliebe dieses Band.

(1964)

KRAFTQUELLE

Des Lebens große Last
drückt uns oft nieder.
Den, der es tief erfasst,
den schmerzt es immer wieder.
Wer mag das Leid ermessen,
das vielen bringt viel Pein?

Niemand!

Sein Herz müsst größer
als das Weltall sein.
Wer fühlend all die Not erahnt,
die erdenweit besteht,
hat dennoch nicht die Kraft,
zu wirken, dass das Leid vergeht.

Und doch gibt es die Glücklichen,
die Schmerz und Bosheit nicht
zerbrechen - Wer denn?

Die in der Liebe sich
geborgen wissen.

SONNTAG 1

Heimtückisch kitzeln die
Sonnenstrahlen.
Einlullend die Wärme der Luft.
Täuschend die friedliche Stille
am Morgen,
Trügend der Vögel Gezwitscher.
Spinnweben gleich umgarnt
dieser Zauber,
Schiebt weg fernes Weh und Leid,
Gaukelt herbei heile Gedanken mit
Trost, der nicht hält.

SONNTAG 2

Sanft tragen Sonnenstrahlen
empor.
Schwebend leicht der Vögel Chor.
Zärtlich schmeichelt die Luft.
Lockend umhüllt ihr Hauch.
Vom Zauber getragen,
gern folgend
dem Ruf von Freude und Spiel.
Nicht wichtig, ob Täuschung
oder aufrichtiges Gefühl.

SCHMUNZELECKE

Das bringt des Lebens Schule uns
bei,
dass mache Amputation nötig sein,
dass Vieles nur mit Prothesen noch
geht
und so mancher auf Ersatzstücken
steht.

Im Forteilen lacht das Wort
hämisch.
Du hast mich nicht ergriffen.
Jetzt ist es zu spät.
Es lebt in den Gedanken
eines anderen.

Zuerst will er nur seine Ruh,
macht alle Seelentüren zu,
schaut auch niemals auf die Uhr,
denn er entspannt sich auf der Kur.

Allmählich sucht er den Kontakt,
gerät tanzenden Schritts in den
Takt,
geht endlich fröhlich aus sich
heraus
und stellt staunend fest:
Die Kur ist aus.

FRÜHLING

Ergraute Gesichter blühen auf.
Menschen erlauben sich
manchen Scherz.
Alles beschleunigt seinen Lauf,
scheint wärmend wieder die Sonne
im März.

Dem zarten Mut der Krokusse gilt
das Lächeln und die Freude.
Leben, das unter
der Erde sich regt,
spendet Hoffnung für heute.

AUGUST

Süße, pralle Schwere im August,
schmerzend gleißendes Sonnenlicht,
dampfende Wärme aus dunkler Tiefe,
feurig vermengt mit heißer Glut.

Voll Hitze dick die Luft
steht matt und träge sie im Raum.
Im heißen Hauch die Pflanzen leiden,
ergeben Blatt und Blüte hängen.

Zur Tränke schleppen müde
sich die Tiere.
Und Menschen weilen Schatten
suchend in dem Haus.
Doch kommt der Abend
kühlend sanft,
erwacht mit ihm die Lebenslust.
Aufatmend sitzt man dann
im grünen Zimmer und wie erlöst
schweift nun der Blick.
Der Tag war heiß,
doch wärmte er die Seele.

GEWITTER

Ein erster Hauch von Abschied
zieht heran in dunstigen
Schwaden.

Der ferne Horizont mit
Wolkenbergen
und mit Donner schon beladen.

Ein Ahnen streift das Herz,
die Jahresneige ist nicht weit.

Es währt noch Freude über
den warmen Sonnenschein,
in lauschiger Runde schmeckt
der kühle Wein.

HERBST

Lass dem Sommer Zeit zum
Abschied nehmen.
Lass die letzten Blumen
tröstend stehen.
Lass die Rosen langsam welken,
eh die bunten Blätter still
zur Erde wehen.

Ruhig, majestätisch geht
die Sonne auf.
Unumstößlich ihr Rang
im Wettergeschehen.
Alles mild wärmend nimmt sie
ihren Lauf,
lässt erfüllende Zufriedenheit
entstehen.

Heiteres Grillen und Zirpen
im Feld,
tönendes, tragendes Rauschen
im Wald.
Menschen, Natur, Wärme
und Wind
wie ein Akkord des Herbstes sind.

Lautlos gleitet Nebel
über das Land.
Weiße Schleier ziehen ein
milchiges Band.
Sturm gepeitscht fegen
die Blätter vom Baum,
wirbeln hinauf
in den feucht trüben Raum.

Kalte Nässe kriecht
durch die Glieder.
Die Abwehr scheitert,
das Frösteln kehrt wieder.
Gezupfte eisige Nadeln
auf Haut und Haar,
verharrend in Starre
ganz und gar.

Tiefe Melancholie
an grauen Tagen.
Sonne heiter genießend,
ohne Worte zu sagen.
Freude und Trauer
im gleichen Empfinden
über Winters Nahen und
Sommers Verschwinden.

NEBELKLEID

Spürst du hier Geborgenheit
oder kalte Einsamkeit,
wenn der Nebelkranz sich schließt,
du Vertrautes nicht mehr siehst?

Strömt durch dich wohliges
Schauern oder
ohnmächtiges Grauen,
wenn die Schwaden voller Tücken
immer näher an dich rücken?

Fühlst du dich vielleicht geborgen
oder denkst du an die Sorgen,
die das Nebelkleid den Armen
antut ohne ein Erbarmen?

Nebel tränkt ihr schwaches Haus,
schleicht gemein durch alle Ritzen,
krallt sich fest, zieht nicht mehr
aus, lastet schwer und bleibt sitzen.

NEBEL

Schau ich in die Nebelwelt,
alles Stille, alles Schweigen,
keine Hast gefangen hält,
abgewandt vom Alltagsreigen.

Stumme Bäume, unverwandt
stehen treu verwurzelt da,
unbewegt mir zugewandt,
belaubt, dann kahl, Jahr für Jahr.

Stille, lautlos, hüllt mich ein.
Hör im Schweigen leise Worte.
Bin nicht einsam, nur allein,
denk an ferne Sehnsuchtsorte.

JAHRESFÜLLE

Goldner Herbst im kalten Wind
rieselt leise von den Bäumen.
Mit dem Drachen spielt das Kind,
ist ganz heiter, voll von Träumen.
Lockend strahlt vom Himmelsblau
Sonnenglut in Luft, die rau.
Ist's ein Trösten, ist's ein Höhnen?

WINTERMORGEN

Sanfter Schnee auf Feld
und Wegen,
Landschaft ruht im Nebellicht.
Auch kein Laut ist noch zugegen,
der die Stille unterbricht.

Jede Hast, Geschäftigkeit
wagt es nicht, hervorzutreten.
Und es bleibt geschenkte Zeit
für Gedanken, für das Beten.

VORFREUDE

Auf samten weichen Pfoten betritt
der helle Morgen seinen Pfad.
Ganz zaghaft strecken
Sonnenstrahlen
die Fühler aus ins weiße Land.

Und mädchenhaft errötet leicht
der Schnee,
als würde er sich der Wärme
schämen,
bis er, im Widerstand ergebend,
die Purpurfülle auf sich strömen
lässt.

Als Siegerin tritt auf die Sonne,
umhüllt liebkosend kahle Äste,
umschmeichelt sanft das
Zweiggestrüpp
und lässt die kalte Winterflur
Leben erahnen, erwachende Natur.

CORONA-FRÜHLING

Grau träger Schleier über allem,
was lebt.
Stumme Sorge im Herzen,
ängstlich es bebt.
Ruhelos warten, fragend und bang.
Wird es lang dauern, so drückend,
wie lang?

Noch tröstet die Sonne,
die warm um uns strahlt,
der Vögel Gezwitscher
in Garten und Wald.

Doch Ruhe erzwungen,
die leise sich mehrt
und Stille, nur Stille das Ohr
einsam hört.

DER MENSCH - EIN FALL

Am Anfang ein Fall für den
Ultraschall,
dann später ein Fall für die
Hebamme.
Jetzt wird er ein Fall für das
Standesamt.
Und nun beginnen U1 bis U10:
ein Untersuchungsfall.

Er wird schließlich in die Schule
gehen.
Mit allen Zertifikaten passt er
zwischen
zwei starke Aktendeckel.
Später ein Fall für die Bundeswehr
oder das Bundesamt für
Zivildienst.
Danach ein Fall für das
Arbeitsamt,

die Ausbildungsstätte, die
Prüfungskommission.

Hat er Glück, wieder ein Fall für
das Standesamt und zudem ein
lukrativer Fall für diverse
Versicherungen.
Allmählich ein Fall für Arzt und
Krankenhaus.
Zuletzt ein Sterbefall.

Was übrig bleibt und des
Aufhebens wert
passt problemlos papieren
in einen Karton.
Der Mensch als Fall hat
ausgedient.

Für wen war er wann ein
Glücksfall?

DA-SEIN

Keine
geballte Kraft zu einem großen Werk.

Täglich
Fetzten und Splitter desselben.

Gebraucht,
um anderen zu helfen, sich zu
entfalten.

Nie
etwas Ganzes vollbringend.

Austeilend,
zerrissen, zerfahren.

Allmählich
durchscheinend wie zerschlissenes
Seidentuch.

Doch
Seide ist reißfest und haltbar.

MAG SEIN

Dem Nächsten mit guten
Gedanken begegnen.
Nichts unterstellen,
lieber fragen und segnen.

Mit Offenheit aufeinander
zugehen.
Durch das Äußere hindurch auf
das Herz sehen.

So webt sich ein Band
von Hand zu Hand.
Es bröckelt die Wand,
die zwischen Menschen bestand.

ERKÄMPFT

Möchte ein starker Baum sein,
den Verletzungen nichts anhaben.

Doch auch ein starker Baum
muss sich behaupten,

trotzend dem Sturm,
standhaltend der Hitze,
abwehrend das Ungeziefer.

Stärke erkämpft.

WEITER

Schreitend mit leisem Schritt.
Der Wind nimmt die Spuren mit.
Hügelwärts richtend den Blick,
hinauf in die Weite,
nur nicht zurück,
zur Sonne schauend,
dem Vorwärts trauend.

WÜSTENWEGE

Die Zeit, die du einem schenkst,
will dieser gar nicht.

Die Worte, die du sprichst,
hört jene nicht.

Die Einsamkeit, die dich drückt,
sieht kein Herz.

Du bist
nur eine Funktion,
damit sich andere wohlfühlen.

REIFE

Geben ohne Angst,
zu verlieren.

Festhalten, ohne Angst,
zu ersticken.

Nehmen, ohne Angst,
etwas schuldig zu sein.

IN ALLEM

Ich liebe das Feuer im Kamin,
die warme Sonne auf der Haut,
den stürmischen Wind
in den Haaren,
das Tosen und Brausen
des Meeres.

Ich liebe die Elemente.
Denn ich bin ein Teil von ihnen.

MUTTER ALLEIN

Die Arbeit vollendet,
Verpflichtungen abgestreift,
sich der Zwänge erledigt,
Bedürfnisse erfüllt,
den Erwartungen genügt

sitzt sie allein und einsam.
Absichtslose Zuwendung
gibt es nicht.

Wege gewiesen
Zeichen gesetzt
Pfade gegangen

gegen die Vergeblichkeit.

Vergeblich?

KARUSSELL

Manchmal fühle ich mich
nicht wie ein Sandwich,
vorne, hinten, oben, unten
eingeengt, eingeklemmt,

sondern
wie von Zangen und Krallen
von allen Seiten
gepackt, gezerrt, gepickt

und
in einem betäubenden Wirbel
herumgeworfen
ohne Mitte.

GEGENZEIT

Es kommt eine Zeit,
da ist viel Zeit,
die nicht gebraucht wird.

Es kommt eine Zeit,
da ist genug Geld,
das nicht ausgegeben wird.

Es kommt eine Zeit,
da ist viel Geduld,
die keinem mehr nützt.

Es kommt eine Zeit,
da ist viel Erfahrung,
die keiner hören will.

Es kommt eine Zeit
der eigenen Unwichtigkeit.
Das ist die Zeit
für den Weg nach innen.

NACH EINER UNFALLNACHT

Ungerührt breitet der Tag
sein unschuldig weißes Tuch aus,
strahlt die Sonne
in heiterem Schein,
leuchtet der Himmel
in klarem Blau.

Aufreizend gleichgültig werden
Grauen und Schrecken zugedeckt.

Gleichmütig weben
die Lebensfäden
unbeirrt weiter
das Muster in den Stoff.

ZWEIERLEI

Den welken Rosenblättern gleich
verwehen manche Freunde.
Untreue, Krankheit, Tod
sind ihre Winde.

Freunde?

Ihr Wohlleben grüßt deine Trauer.
Und einsamer bleibst du zurück.

TOD EINER FREUNDIN

Die Tote hinterlässt Spuren.
Spuren fassungsloser
Betroffenheit,
Spuren gemeinsamen Weinens,
Spuren dumpfen Redens,
Spuren nicht eingestandener
Schuld.

Lässt sie nur in Einer
das staunende Glücksgefühl
entstehen,
dass das Leben
kostbar uns geschenkt
und Sorgfalt täglich angebracht,
dann mag ihr Tod zwar sinnlos
uns erscheinen.

Vergeblich war er jedoch nicht.

KARFREITAG 1993

Leben zwischen Kreuzigung
und
Auferstehung.

Leben zwischen Verlassenheit
und
angenommen sein.

Leben zwischen Einsamkeit
und
neu erwachter Gemeinsamkeit.

Wie viel Kreuzigungen erlebt
ein Mensch?

Wie lange dauert an die Zeit
der Geduld,
bis Hoffnung sich erfüllt?

Wir leben
zwischen
Kreuzigung
und
Auferstehung
dennoch
mit dem Tod und gegen ihn.

Leben, weil wir sind.

TOD DES VATERS

Ein Stich ins heitere, hoffende Leben,
ein kalter Schatten legt sich auf das
Haus.
Das Herz bedrängt und voll
Verzweiflung
und wünschend, hätte länger er
gelebt.

Ich hätte noch vieles erfahren können
und ihn auch besser verstehen lernen.
Es bleibt nur, die Erinnerung zu
stärken,
ihn weiter leben zu lassen in Worten
und
nach seinen Werken.

Ein Teil des Lebens hat das Haus
verloren.

26.05.1974

Strahlend hell,
verschwenderisch leuchtend
war der Tag,
als sich ein grauer kühler Schatten
auf uns legte.
Eine Seele war dahingegangen.

Der Tod setzt an
sein scharfes Schwert
und Schwärze fällt hernieder.

LETZTES NEIGEN

Warte, bis der Frühling naht
und das Grün im Garten quillt.
Warte, bis zur frischen Saat.
Sie dein Todessehnen stillt.

Gar zu traurig ist das Sterben
in der Nebeljahreszeit.
Lichtes Scheiden von der Erden
ist so heiter.
Dann sei bereit.

Müd', entblättert allen Schaffens
ist die Seele schlaff und matt.
Unbedeutend alles Raffen,
wenn der Tod das Tor
geöffnet hat.

BESUCH AN VATERS GRAB

Gelitten nicht an ihm,
gelitten nicht durch ihn,
gelitten seinetwegen.
Demütigung, Schmach und
Wunden angenommen.

Ihm niemals
etwas nachgetragen.
Die Liebe fühlte ich sehr,
die Freiheit mir gewährte.

UNENTRINNBAR

Du kannst das unendliche Leid
nicht fassen,
das, wachsam, täglich du vernimmst.
Du siehst nicht alle Menschen,
die verlassen
und schweren Herzens einsam sind.

Ganz wohlgeordnet führst du
dein Leben,
ahnst nur die Not, die um dich ist.
Kannst selber wenig Hilfe geben,
weil du in dir gefangen bist.

Du spürst die Zweifel
mancher Kranken,
fühlst ihre Fragen, warum ich?
Und kommst nicht weiter
als zu danken,
dass es Gesundheit gibt für dich.

So werden wir tagtäglich schuldig.
Nicht Bosheit oder Trägheit
das bewirkt.
Allein, dass sorgenfrei wir leben
macht uns so ungewollt
zu Schuldnern.

06.12.1975

VEREINSAMUNG

Mit jedem Schritt ins eigene Alter
reiht Abschied sich an Abschied.
Der Tod trifft
Atem nehmend schnell
Vertraute und Begleiter
deines Lebens.

Schwer fällt das Begreifen
und Leugnen ist vergebens.
Vertraute Hülle von geliebten
Menschen wird rissig,
schützt nicht mehr.

Hinweg sind sie,
mit denen du gelebt.
Und tief fühlst du den Schmerz,
auf einmal sehr allein.

16.04.1975

DAS LEBEN EIN HAUCH

Vielleicht empfangen uns
in einer fernen Zeit
die Toten mit Gelächter,
weil wir so lange
begierig am Leben gehangen.

Eine billige Komödie
wäre das Leben gewesen,
hätte der Tod das letzte Wort.

MEINE MUTTER

Mutter, deine Hände dürfen
endlich ruhn,
müssen nichts mehr schaffen,
müssen nichts mehr tun.

Lass dich nun geleiten,
lasse dich begleiten.
Nimm unser Streicheln,
nimm unsre Worte,
nimm unsern Dank,
nimm alles wahr.

Die Seele gefangen im Körper.
Fliegen möchte sie weit weg.

Der Körper gelähmt
durch den Geist.
Bewegen möchte sie sich können.

Der Geist zerschlagen in Trauer.
Kein Laut dringt aus dem Mund.

Ein Leben jenseits des Lachens.
Wie grausam kann Sterben sein.

Ist Gott auch da?

VORTOD

Den seelischen Tod längst erlitten,
die geistige Dunkelheit
durchschritten,
schlurft in ermattendem Schritt
das Leben unbarmherzig
langsam weg.

GESCHLAGEN

Manchmal geht die Bosheit
an ihrem steinernen Haus vorbei
und reißt die Fensterläden auf.
Klarheit und Licht.

Da erkennt sie ihr Leiden
und weint bitterlich.

DEM TODE HIN

Wie einst der Mutter Hand
das Kind ins Leben führte
in kleinen Schritten, wohlbehütet,
geleitet nun der Tochter Sorge
die Mutter selbst ins andere Land
mit kleinen Bissen,
winzigen Schlucken,
mit Wort, Gebet und sanfter Hand.

OHNE HEIMAT

Der Gang so matt,
das Auge trüb,
des Leidens satt.
Mühe nur blieb.

In sich gesunken
geht der Blick,
ohne ein Funkeln
stets nur zurück.

Warum ist alles so gekommen?
Sie stellt das letzte Jahr sich vor.
Den Hügel hat sie noch erklommen.
Verschlossen bleibt
des Begreifens Tor.

Nun sitzt sie stumm,
fühlt selbst sich dumm
und innen leer,
sehnt Heimat her.

In meine Heimat möchte ich gehen.

EIN LETZTES MAL

Ein letztes Mal die Nahrung
eingeflößt.
Ein letztes Mal den Tee gegeben.
Ein letztes Mal den Löffel gereicht
dem schwachen Mund.
Ein letztes Mal gebettet.
Ein letztes Mal gesäubert.
Ein letztes Mal die Stirn gestreichelt.
Ein letztes Mal die Hand gehalten.
Ein letztes Mal sie gesegnet.
Ein letztes Mal für sie gebetet.
Ein letztes Mal mit ihr gesungen.
Ein letztes Mal ihr Dank gesagt.

Ein letztes Mal den Kopf gewendet.
Ein letztes Mal lebhaft geschaut.
Ein letztes Mal liebe Worte
vernommen.
Ein letztes Mal die Augen geöffnet.
Ein letztes Mal den Atem gehaucht.

Ein letztes Mal verbunden.

TOD

Keine Worte mehr
Kein Denken mehr

Versunken das Fühlen
Das Herzeleid versenkt

Der Körper entseelt
Das Leben verlassen

Im Nicht-Sein das Glück?

MEIN ONKEL

Entbehrt
gesucht
die Liebe
lebenslang

Verlassen
gearbeitet
gegen
die Trauer

Gekämpft
verletzt
unsichtbar

DU GINGST ZU FRÜH

Spuren gesetzt
Pfade gewiesen
Fenster geöffnet

Samenkörner
der Möglichkeiten
gestreut
in die Ungewissheit
der Zukunft

DU
bekamst Flügel
WIR
blieben zurück

WECHSELBAD

Zerstört,
Heimat gefunden
verraten,
ein Funken Gemeinschaft.

Ein wenig Wärme
gespürt,
nicht glaubend,
dass es sie gibt.

Und doch
bitter einsam
gegangen.

NACHRUF

Titel
Wohlklingend
auf halber Zeitungsseite

Sollte ein Häufchen Asche
alles sein, was vom Leben
übrigblieb?

UNZEITIGER TOD

Zehn Jahre noch,
betet!
Zehn Jahre noch,
zum Sterben bin ich noch nicht.
Zehn Jahre noch,
der Arbeit ist noch so viel.
Zehn Jahre noch,
Ordnung muss sein.

Zehn Jahre noch,
tapfer gesagt,
doch lebensmüde.

Zehn Jahre noch!

Der Tod kam nicht zur
Menschenzeit.
Er kam zur Gotteszeit ohne
Verhandlung.

STRASSENLEBEN

Ungläubiges Staunen
habe ich gesehen
in den Augen der
Ausgegrenzten,
der Vergessenen,
an den Rand Gedrängten
ob der ungerechten Wege
des Schicksals.

TOD EINES OBDACHLOSEN

In der Gesellschaft nicht mehr
erwünscht.
Abgeschoben, ausgestoßen,
abgetaucht.
Eines Tages dann vermisst gemeldet.
Eines Morgens tot aufgefunden
Rasch begraben, der Erde gleich.
Ist da jemand, dem er fehlt?

AUS

Wer den Schrecken des Krieges
entronnen,
den Todeskammern von Auschwitz
entkommen,
wem der Mörder das eigene Kind
hat genommen,
findet der jemals das Lachen
wieder?

KRIEG

Ein Krieg ist ein Krieg,
ist ein Krieg.
Vernichtung und Blut,
nichts ist mehr gut.
Sinnlos die Wut,
sinnlos der Mut.
Der Sieg ist kein Sieg,
ist kein Sieg.

STALINGRAD

Verratene Menschen,
Leiber und Seelen,
ziehen mattem Uhrwerk gleich
durch Eis und Schnee.

O zögen sie in Ewigkeit
an ihren Peinigern vorüber,
anklagend sie
in niemals sterbender Unruh.

TOD EINER FREUNDIN

Fassungslos, Aufschreien
Rätselfragen, Tieftraurigkeit

Gewahrend den finsteren Blick,
der in den Weg sich stellt.

Stumm leidend, dumpf fügend

Erinnernd des Schönen,
das sie gab.

Dankbarkeit, liebendes Gedenken.

Ruhe, Frieden wünschend ihr,
Ruhe, Frieden findend selbst.

Des Lebens Wogen rollen weiter.
Weiter warten auf das Recht.

Von Pfeilen getroffen,
mit Peitschen geschlagen,
gehetzt, verhöhnt, gedemütigt.
Im Tod winkte ihr die Freiheit.

ZYNISCHE WAHRHEIT

Man muss im Leben
an einem Strang ziehen,
dann erreicht man viel,
pflegte sie zu sagen.

Sie zogen am gleichen Strang,
in gleicher Richtung
in den Tod.

INHALT:

DANK

Für die Unterstützung bei der Auswahl und fotografischen Bearbeitung der Bilder bedanke ich mich ganz herzlich bei meinem Sohn Simon und meiner Schwester Doris, bei meiner Enkelin Emilia für die Zeichnung.
Besonderer Dank gilt meiner Schwiegertochter Barbara Feulner und meinem Sohn Benjamin, die in bewährter Weise die Finalisierung des Manuskripts meisterten.

Friedenfels, Dezember 2022